CONSIDÉRATIONS

SUR

LA GARDE NATIONALE.

PARIS, IMPRIMERIE DE GAULTIER-LAGUIONIE,
HÔTEL DES FERMES.

CONSIDÉRATIONS

SUR

LA GARDE NATIONALE,

Par M. Alexandre Lameth.

Extrait de la Minerve Française,
TOME 7, PAGE 249.—1819.

A PARIS,

CHEZ P. DUPONT, LIBRAIRE,
RUE DU BOULOY, COUR DES DILIGENCES;

PONTHIEU, LIBRAIRE, PALAIS-ROYAL;

SAUTELET, LIBRAIRE, PLACE DE LA BOURSE;

ET MONGIE, LIBRAIRE, BOULEVARD DES ITALIENS.

1827.

AVANT-PROPOS.

Lorsque je publiais dans la Minerve, il y a
plus de huit ans, une notice sur l'institution des
Gardes nationales, j'étais loin d'imaginer que je
verrais un jour des ministres assez téméraires,
assez ennemis du trône et de leur pays, pour
oser outrager la population de la capitale, en
proposant au monarque la destitution en masse
de la Garde nationale de Paris. Où étaient donc
alors ces hommes dont les noms n'avaient jamais
été révélés ni par des écrits, ni par des emplois,
ni par aucun service rendu à la chose publique?
Comment, dans l'état même d'obscurité où ils vi-
vaient, n'ont-ils jamais entendu célébrer la glo-
rieuse conduite de cette Garde parisienne, toujours dévouée aux lois, au maintien du bon ordre,
à la défense de la liberté et du trône, et qui n'a-
vait jamais éprouvé d'attaques que de la part des
factieux, qui, après avoir détruit la monarchie,
aspiraient à fonder leur puissance et leur fortune
sur les ruines de l'État.

La Garde nationale de Paris ne représente-t-elle
point tous les intérêts, je ne dirai pas de la ca-

pitale, mais de la France entière, puisqu'elle est composée de cette classe moyenne qui est la force de toute nation, ou plutôt qui constitue les nations elles-mêmes? les hommes de tous les rangs ne se sont-ils pas toujours honorés de porter cet habit national que l'empereur avait la sagesse de regarder comme un talisman?

Lorsque je retraçais l'origine de la Garde nationale, l'ancienneté de ses droits, antérieurs à la monarchie, et ressuscitée par elle à l'époque de l'affranchissement des Communes, je le répète, j'étais loin de prévoir qu'un ministre, ne possédant aucune des qualités qui attachent, aucun des avantages qui captivent, parviendrait, en quelques années, à s'emparer du pouvoir dans un royaume tel que la France; qu'il aurait la folie de croire qu'on peut entreprendre de conduire une grande et généreuse nation comme les esclaves d'une habitation; qu'on peut risquer de jouer des coups d'État avec la même légèreté qu'on joue un coup de dez. Je craignais au contraire que la Garde nationale se trouvant alors sous le commandement immédiat de l'héritier présomptif de la couronne, qui lui donnait des marques réitérées de sa bienveillance, on eût l'intention d'attribuer à cette partie de la force publique une trop grande extension; qu'en l'assimilant aux troupes de ligne on lui fit perdre son véritable caractère et qu'on dénaturât son essence primitive.

Au reste, on sera à même de juger, en lisant cet écrit, que les éloges que je croyais devoir aux Gardes nationales en général, et à celle de Paris en particulier, n'étaient dictés par aucun autre intérêt que celui de la vérité. Je considérais cette institution, qui n'avait point été fondée par l'assemblée constituante, mais seulement régularisée par une organisation dont le but était de tracer le cercle de ses droits et de ses devoirs, comme ne pouvant entraver les mouvements de l'armée de ligne, dont elle devait au contraire être le complément pour la défense extérieure ; sa destination essentielle étant d'ailleurs d'être consacrée à défendre la liberté publique, à assurer force à la loi, et à maintenir le bon ordre bien plus par la confiance qu'elle inspire naturellement, que par l'irritabilité que fait naître l'aspect des baïonnettes qui ne sont pas remises entre les mains des citoyens.

Cet écrit aura au moins le mérite de n'avoir point été le résultat des circonstances qui affligent la France, et qui, d'après l'aveu même du président du conseil des ministres, ne sont dues qu'à l'audace de son ambition et à la faiblesse de ses talents.

Considérations

Sur

la Garde Nationale.

———

L'institution des Gardes nationales se rattache d'une manière trop essentielle et trop intime aux bases d'une constitution libre, pour ne pas fixer au plus haut degré l'attention d'un peuple qui a fait tant de généreux sacrifices, et éprouvé tant de souffrances pour conquérir sa liberté et conserver son indépendance.

La Garde nationale est tellement le palladium de la liberté, que, du moment que l'anarchie se fut emparée du pouvoir, elle s'empressa de détruire avec violence les Gardes nationales, dévouées au maintien du bon ordre et de la sécurité des citoyens. Le directoire, qui manquait d'unité, d'amour de la patrie, d'élévation de sentiments, craignit également une organisation vraiment civique. Le gouvernement qui lui succéda fut bien plus habile ; revêtu d'abord des formes libérales, qui seules peuvent réunir les Français, il sentit qu'il ne pouvait y avoir d'apparence de constitution, si l'on ne voyait la Garde nationale servir de base à cet édifice tutélaire. Aussi le gouvernement impérial, se modelant sur celui d'Auguste, parut dans les premiers temps donner tous les droits de l'adoption aux institutions filles de la liberté. La Garde nationale ressuscita, et reparut brillante comme aux champs de la fédération. Mais en même temps qu'on présentait cette noble décoration à la France, on s'occupait de saper les fondements qui en constituaient la force; on substituait à l'élection libre des citoyens pour la nomination des officiers, les choix du gouvernement. Dès-lors, plus de garantie pour la liberté; au contraire, une puissance de plus pour la détruire.

Les citoyens se connaissent entre eux, savent s'apprécier, ont le même intérêt; leur choix est flatteur parce qu'il est le résultat de l'estime : mais ce ne sont plus ces sentiments puisés dans la nature, nés de l'égalité civile, dictés par l'intérêt commun, qui président aux nominations. Elles ne sortent plus de l'urne qui avait recueilli le secret de tous les cœurs, elles apparaissent dans une ordonnance méditée par la politique; elles sont un ordre, un brevet; ce n'est plus un simple citoyen qui réclame l'obéissance, c'est l'homme de l'autorité qui la commande, et, lorsqu'on n'est plus soldat, l'obéissance devient pénible.

Avant de reconnaître les modifications qu'a subies la Garde nationale depuis la restauration, je veux examiner quelle fut son origine. Si je démontrais qu'elle est bien antérieure aux croisades, bien plus ancienne que les plus anciens titres, qu'elle appartient à des temps qui ont précédé l'ère chrétienne, alors, peut-être, pourrait-elle trouver grace auprès des hommes qui ne pardonnent pas aux institutions, quelque utiles qu'elles puissent être d'ailleurs, si elles n'ont pas été créées par des diplômes, si elles ne nous sont pas parvenues par des chroniques, mais si elles sont le résultat du progrès des lumières qui, comme les astres, suit les lois éternelles qui lui ont été données pour le plus grand avantage de l'espèce humaine.

Le droit de se garder, de pourvoir à sa propre police, au maintien du bon ordre, à la garantie des propriétés, a été exercé par les peuples aussitôt qu'ils ont eu commencement de civilisation. Il y a plus, ce droit a même résisté depuis à la violence, et à l'oppression de la conquête. Lorsque les Romains eurent subjugué les Gaules, ils respectèrent les droits des municipes ; les légions campaient hors des murs, elles étaient destinées à contenir les peuples, mais elles ne s'immisçaient pas dans leurs affaires privées; elles n'attentaient pas à la liberté individuelle; les droits civils étaient protégés par les lois du pays.

Lorsque l'affranchissement sortit des décombres de la barbarie, le droit de se garder elles-mêmes fut le premier réclamé par les cités. Quoique la plupart eussent été obligées de racheter ce droit imprescriptible, elles en furent depuis dépouillées en France à mesure que l'autorité royale, fortifiée par leurs efforts, eut acquis plus de prépondérance. Cependant quelques villes surent maintenir leurs droits, sous le nom de priviléges. Bordeaux (1) et Lyon avaient celui de ne recevoir aucune troupe dans leurs murs; elles ne pouvaient même les traverser en voyageant. Abbeville, Bayonne, étaient devenues des places de guerre; les généraux y commandaient, et cependant, jusqu'à la révolution, les clés de la ville étaient portées le soir chez le maire. A Paris, les gardes françaises et les gardes suisses étaient casernées dans les faubourgs, et n'exerçaient la police que sur les militaires; celle des bourgeois était faite par des officiers civils et des troupes municipales.

En Allemagne toutes les villes anséatiques, et plus tard les villes libres seulement, conservèrent le droit de se garder et le maintinrent toujours avec le plus grand soin.

Tel était l'état des choses en 1789.

La situation de la ville de Paris, sur laquelle marchait une armée composée presque entièrement de régiments étrangers, la défiance qu'inspirait le *guet-à-pied* et la déconsidération dans laquelle il était tombé, firent naître la pensée de confier la sureté de la ville à la garde des citoyens; Mirabeau proposa le rétablissement (2) de la garde bourgeoise.

____

(1) A Bordeaux, lorsque le colonel du régiment qui était en garnison au Château - Trompette logeait dans la ville, il ne pouvait avoir une sentinelle pour l'honneur et la sûreté des drapeaux qu'avec la permission du corps municipal.

(1) Je dis *rétablissement*, parceque l'usage des gardes muni-

Jusqu'à cette époque, en y comprenant même le rétablissement de cette Garde bourgeoise de Paris, nous sommes encore dans l'ancien ordre de choses, dans l'ancien régime. Il n'y a point d'innovation, par conséquent point de sujet, je ne dis point de reproches, mais même d'observations de la part de ceux qui veulent l'immobilité dans un monde soumis au mouvement et à des modifications constantes par la loi suprême qui le régit.

L'enthousiasme de la jeunesse parisienne, l'activité, le zèle, l'empressement qu'elle mit dans le service qui lui fut confié ; le goût qu'elle manifesta pour les évolutions militaires, présage des succès qui l'attendaient sur les champs de bataille, qui furent si long-temps pour la France les champs de la victoire ; les éminens services qu'elle rendit pour assurer la libre circulation des grains dans un rayon de plus de vingt lieues autour de la capitale, pour empêcher des émeutes, et maintenir l'exécution des lois, excitèrent l'émulation des principales villes du royaume ; elles levèrent aussi des gardes consacrées au service public, et qui toutes rivalisèrent de zèle et de patriotisme.

C'est alors, c'est à cette époque, que l'on essaie inutilement de flétrir, que tous les sentimens généreux s'exaltèrent à un point dont il n'y a pas

---

cipales soldées n'était pas ancien. On voit que pendant la ligue et la fronde il y avait encore des *quarteniers*, et que c'était les bourgeois qui montaient la garde.

d'exemple dans les annales de l'Histoire. Leur dé-
veloppement, on est obligé d'en convenir, était,
peut-être au-dessus de la nature humaine, et ne
pouvait résister, à la longue, à l'intérêt personnel
à l'envie, à ce glacial égoïsme qui domine dans
l'âge avancé des nations, comme dans celui des
hommes. Cependant, si une opposition, excitée
par un intérêt de caste, si des rivalités fomentées
par l'orgueil et alimentées par l'or de l'étranger,
ne fussent pas venues détruire l'accord qui réunis-
sait la presque totalité des Français, une révolution philosophique, c'est-à-dire fondée sur l'essence éternelle des choses, se serait étendue à
l'Europe entière. Elle y aurait favorisé le déve-
loppement de toutes les facultés physiques et in-
tellectuelles, celui de l'agriculture, de l'industrie,
du commerce ; aurait donné des bases immuables
au pouvoir, en le fondant sur l'utilité générale ;
aurait ramené l'espèce humaine à sa véritable di-
rection, qui n'est pas que les peuples se haïssent,
se combattent, s'égorgent, pour les caprices ou
l'intérêt mal entendu de quelques hommes, les-
quels obtiendraient bien plus de véritables jouis-
sances par l'affection qu'ils feraient naître que par
la possession incertaine et dangereuse d'un pouvoir exagéré.

Ici je dois entrer dans l'examen d'une question
de haute politique, et qui appartient à l'essence
de la constitution d'un peuple libre. Ce fut bien,
il est vrai, ce généreux mouvement des Français
pour la conquête et le maintien de leurs droits,

qui amena par le fait l'assemblée constituante à l'idée d'organiser les Gardes nationales; mais elle y fut portée plus particulièrement encore par des réflexions qui ne pouvaient échapper à sa sollicitude. Voulant établir un gouvernement représentatif monarchique sur les principes de la vraie liberté, il fallait en combiner les élémens, de manière à former et à maintenir cet équilibre (1) qui en fait la force et en assure la durée. Le moyen d'y parvenir paraissait difficile; non-seulement les ennemis des principes libéraux, mais ceux mêmes qui désiraient les voir réaliser, ne cessaient de répéter que cette entreprise était inexécutable; que la France ne ressemblait à l'Angleterre ni par sa situation géographique, ni par son climat, ni par le caractère de ses habitants.

Les objections, il faut en convenir, étaient beaucoup plus fortes que celles dont le parti anti-libéral a l'habitude d'étayer ses prétentions. On représentait avec raison que l'Angleterre était pour ainsi dire inattaquable chez elle; que la prépondérance de sa marine suffisait pour défendre ses frontières insulaires, sans pouvoir exercer aucune influence dans l'intérieur; qu'elle n'avait besoin d'une armée de ligne que pour la protection de ses possessions

---

(1) On objectera que, pour qu'il y eût équilibre, il fallait une chambre des Pairs; et l'on aura raison de faire cette observation : mais on cessera de s'étonner que les idées ne fussent pas entièrement fixées à cet égard, en se rappelant que la presque totalité des membres de la noblesse vota alors contre l'établissement de la chambre des Pairs.

lointaines ou l'appui du faux système des connec-
tions continentales; qu'ainsi aucune force organisée
et disponible ne pouvait être employée à compri-
mer ou à détruire la liberté anglaise. Que la po-
sition de la France était bien différente, qu'elle
était même tout à fait opposée; que, placée entre
les puissances du nord et celles du midi, entou-
rée de toutes parts de voisins puissans qui tenaient
sur pied des armées formidables, la prudence exi-
geait indispensablement, tant que le fléau des
grandes armées subsisterait en Europe, que la
France entretînt, pour sa défense et le maintien
de sa considération, une armée au moins de deux
cent mille hommes.

Vous serez bien obligés, ajoutait-on, de re-
mettre cette force entre les mains du pouvoir exé-
cutif. Doutez-vous des soins qu'on prendra pour en
réduire les chefs, pour établir un esprit de corps
dans l'armée, pour changer la religion de l'obéissance en fanatisme de dévoûment, pour séparer
le militaire du citoyen, et les mettre en opposition? Un prince guerrier, qui aura conduit ses
troupes à la victoire, se contentera-t-il de la portion de puissance que lui aura déléguée votre constitution? N'aura-t-il pas la volonté, et probablement
les moyens de la détruire et d'établir le gouvernement militaire, le plus absolu de tous les despotis-
mes, parce qu'il ne reconnaît pas de barrières, et
termine toutes les discussions par l'*ultima ratio
regum*.

Ces objections, dont on reconnaissait toute la

force, obligèrent de rechercher avec soin les précautions qui pourraient garantir la liberté, et la
défendre contre des dangers dont on ne pouvait se
dissimuler ni la réalité, ni l'importance. Le premier moyen qui se présenta, fut de soumettre
l'action militaire contre les citoyens à la réquisition du pouvoir civil; d'établir que, lorsque des
émeutes ou des désordres généraux nécessiteraient
l'emploi de la force militaire, les troupes seraient
toujours accompagnées d'un officier civil, qui devait engager l'attroupement à se dissoudre, lui
lire la loi contre la rébellion, et lui annoncer
que, s'il persistait dans la révolte, on allait em-
ployer les armes. Alors, seulement, si l'on refu-
sait d'obéir à la loi, l'emploi de la force était au-
torisé. Tous les militaires étaient de plus liés, depuis le soldat jusqu'au maréchal de France, par
un serment de fidélité à la patrie comme au roi,
et juraient de défendre la constitution comme le
trône.

Cependant ces appuis de la liberté n'ayant qu'une
force morale, qui ne résiste guères à celle des
baïonnettes, on pensa que c'était dans la nation
même pour laquelle, en dernière analyse, toutes
les institutions doivent exister, qu'elles pouvaient
trouver leur garantie et l'assurance de leur con-
servation, sans être obligé de recourir jamais à
l'intervention subversive de l'insurrection.

Cette pensée était créatrice de la Garde nationale, qui n'est autre chose que la nation entière,
moins les vieillards, les prolétaires, et les indivi-

dus en état de domesticité. C'est à ce principe qu'il faut revenir, et c'est parce que cette force doit servir de contre-poids à l'armée de ligne, qu'il faut bien se garder de la considérer comme une armée.

C'est cette fausse idée qui a compromis la Garde nationale, et qui l'aurait rendue dangereuse pour la liberté publique, si une nation pouvait jamais tourner ses armes contre elle-même. Après lui avoir enlevé la nomination de ses officiers, on lui en a donné de tous les grades. On a fait des majors généraux, des maréchaux-de-camp, des inspecteurs, des sous-inspecteurs de la Garde nationale. On l'a soumise à toute la rigueur de la discipline militaire ; on a établi des conseils de discipline, des chambres d'arrêts, des prisons. On l'a fatiguée de service, pour en exiger des rétributions pécuniaires et pouvoir gratifier chèrement des emplois inutiles. Enfin, on est parvenu à dégoûter les citoyens par une multitude de vexations sans cesse renaissantes.

Qu'on examine maintenant où peut conduire un pareil ordre de choses, qui embrasse la nation tout entière. En transformant le Garde national en soldat, il n'existe plus de liberté individuelle. Veut-on arrêter un individu? des gendarmes se présentent chez lui ; ce n'est pas une violation de domicile, car ce n'est pas du citoyen, c'est du soldat qu'ils viennent s'emparer ; sa résistance est une rébellion ; et, s'il s'adresse à la Chambre des députés pour demander justice, on passe à l'ordre du jour, comme on en a eu l'exemple, en disant que la force publique est à la disposition du gouvernement.

Pour remédier à ces graves inconvéniens, la Garde nationale ne doit être soumise qu'à l'autorité municipale, dont elle est la partie active. C'est le conseil de la Cité, ou une délégation de ce conseil présidée par le maire, qui doit seul prononcer sur les exemptions de service, sur les punitions, sur le nombre d'hommes qui doit monter la garde; et ce n'est qu'avec son aveu que le commandant doit pouvoir la réunir pour l'instruction, pour des parades, ou pour des revues.

Il n'est pas inutile de rappeler ici des principes qui existent tous dans nos lois, mais qui ont été étrangement méconnus depuis que l'anarchie, le gouvernement arbitraire et les invasions ont confondu toutes les idées. Le plus important de tout, c'est que l'armée n'est essentiellement destinée qu'à défendre les frontières et à repousser les attaques extérieures, et que ce n'est que subsidiairement et conformément aux lois, qu'elle peut et doit être employée comme auxiliaire au maintien de l'ordre dans l'intérieur.

L'exécution des lois doit être protégée par la gendarmerie, en ce qui concerne le brigandage, le vagabondage, les crimes, les vols, les délits ruraux, etc.

La surveillance habituelle et le maintien de la paix publique dans l'intérieur des villes, bourgs et villages, appartient à la Garde nationale.

L'armée est sous le pouvoir immédiat de la couronne, mais elle ne peut agir contre les citoyens que d'après la réquisition civile.

La gendarmerie peut être également requise par l'administration et par les tribunaux, mais elle ne peut l'être par les généraux ou leurs subordonnés, qu'en ce qui concerne les individus militaires.

La Garde nationale ne peut, dans aucun cas et sous aucun prétexte, être requise que par les autorités civiles.

Le principe fondamental de son existence, si l'on veut que sa force ne puisse pas être dirigée contre la liberté, doit être qu'elle ne forme pas un corps dans la nation, pas même dans un département, dans une sous-préfecture, ni dans un canton.

La Garde nationale est purement locale; c'est la réunion des citoyens valides qui ont moins de soixante ans. Son organisation, si l'on peut donner ce nom à quelques réglemens nécessaires pour établir l'uniformité, devra présenter une différence entre celle des villes et celle des campagnes; mais l'objet de la loi doit être uniquement qu'elle soit consacrée à la défense de la Charte, et à maintenir la tranquillité et l'exécution des lois.

Il ne faut pas croire que, pour repousser les invasions que nous ne craindrons jamais, si nous sommes unis (1), il soit nécessaire de former des légions, des bataillons, des gardes à cheval dans les campagnes, que les hommes soient armés, qu'ils sachent manier leur fusil; la défense de leurs foyers les rendra bientôt soldats. Toutes ces formations militaires présentent bien plus d'inconvénients que d'avantages. Quelle utilité peut-on retirer, par exemple, des gardes à cheval, composées d'une centaine d'hommes éparpillés dans tout un département, dont l'emploi est d'escorter les autorités deux ou trois fois dans l'année, et qui se servent de ce prétexte pour se soustraire au service habituel que réclame le maintien du bon ordre? Que chaque commune ait sa Garde nationale; qu'elle nomme des officiers qui auront des grades correspondants au nombre d'hommes qu'ils auront à commander; mais qu'on attende la probabilité d'événements extraordinaires, qui n'auront peut-être pas lieu dans un siècle, pour former des corps nombreux, qui, éloignés de leurs domiciles, peuvent devenir des instruments dangereux dans les mains d'une autorité qui ne serait pas constitutionnelle. Si le moment d'un véritable péril arrivait, certes, on a bien promptement fait une organisation, lorsqu'on a des hommes et des armes.

____

(1) Dans le rapport fait à l'assemblée constituante en 1790, on portait le nombre des gardes nationales, d'après un relevé exact, à 2,950,000. La population de la France a augmenté depuis d'un sixième.

La question relativement aux grandes villes, et particulièrement à Paris, est différente. Paris est, sous tous les rapports, hors de proportion avec quelque ville que ce soit en Europe. C'est à tort, et peut-être avec des intentions coupables, qu'on a cherché en plusieurs occasions à exciter la jalousie des départements contre la capitale. La ville de Paris appartient à toute la population française, puisque celle qui vit dans ses murs est composée d'habitants de tous les départements de la France; mais ce qui honore cette grande cité, cette métropole de la civilisation, c'est l'esprit public qui n'a jamais cessé d'y prédominer; c'est lui qui a fait triompher les premiers efforts de la liberté, qui a fait pénétrer la terreur dans le cœur même des terroristes; c'est lui qui a souvent chagriné le maître de l'Europe au milieu de ses victoires, et qui inquiétera toujours les gouvernants, lorsqu'ils n'attacheront pas un prix suffisant à l'opinion et à la confiance publique.

Ce n'est donc pas seulement parce que la ville de Paris est la première pour les affaires de banque, pour les affaires commerciales, pour l'industrie qu'elle perfectionne sans cesse, qu'elle est le centre des relations européennes, celui des sciences, des arts, de l'urbanité : ce n'est pas pour ces brillantes prérogatives, mais pour l'intérêt bien plus précieux encore de la liberté publique, que l'on doit y assurer et y maintenir cette honorable indépendance, gage de stabilité, parce qu'elle s'oppose aux désordres, comme la liberté de la presse repousse les excès de la licence.

La ville de Paris doit continuer à se garder elle-même, du moins en grande partie. Que les troupes de ligne fournissent les postes dans les palais royaux, aux édifices, aux caisses publiques, aux casernes et lieux circonvoisins, elles soulageront la Garde nationale; mais le centre de la ville, où la population est plus active; les marchés où les querelles sont plus fréquentes, doivent être placés sous la surveillance des habitants. La présence des soldats excite toujours quelque irritation, celle des Gardes nationaux ramène bien plus facilement le calme. Les Gardes nationaux sont les jurés de la force armée; en descendant la garde, ils rentrent dans la masse des citoyens.

Cette mesure aurait de plus l'immense avantage de ne pas nécessiter, dans la capitale, la présence d'une portion aussi considérable de troupes de ligne, qui ne peuvent que se corrompre, plus ou moins, au milieu des séductions de tout genre qui les environnent (1). Elle mettrait fin à ces

---

(1) On discuta dans les comités de constitution et militaire de l'assemblée constituante et dans l'assemblée même, la question de savoir s'il ne serait pas plus convenable et pour le trône et pour l'armée que tous les régimens eussent successivement l'honneur de garder la personne du Roi. Le principal motif qui fit rejeter à l'unanimité cette proposition, avait pour base les dangers que le moral et le physique des soldats couraient dans une ville aussi populeuse où la police est obligée de faire des concessions que les bonnes mœurs réprouvent.

rixes continuelles de régiment à régiment, des soldats avec les citoyens, qui affligent les bons Français, et qui peuvent présenter des conséquences également funestes au gouvernement et au système constitutionnel dont il est un des principaux éléments.

Il résulte de ces observations que, dans les grandes villes et particulièrement à Paris, la Garde nationale aurait besoin d'une organisation particulière ; que le grand nombre d'hommes dont elle se compose nécessite la formation de compagnies, de bataillons et de légions, mais que cette force doit être immédiatement soumise à l'autorité municipale ; qu'elle seule doit régler l'ordre général du service, et prononcer sur tous les cas qui y sont relatifs. Si quelques troubles importans avaient lieu dans un des arrondissements, c'est au maire à requérir la Garde nationale ; s'ils s'étendaient à plusieurs mairies, ce devrait être la réunion des maires, présidée par le préfet, qui seule pourrait faire la réquisition. Il en serait de même si l'on jugeait que l'emploi des troupes de ligne est devenu nécessaire.

Mais pourquoi, dira-t-on, toutes ces précautions ? Je répondrai : Je sais que nous n'avons rien à redouter sous un roi qui, à l'aurore de la révolution, n'a point hésité entre les droits du peuple et les prétentions aristocratiques ; qui fit triompher l'intérêt national dans une notabilité de privilégiés, et qui vingt-cinq ans après recueillit les immortels vœux de l'assemblée constituante, pour en former cette Charte qui sera à jamais le monument le plus glorieux de son règne; je pense que nous n'avons point à craindre les coups d'état d'un ministère qui compte parmi ses membres d'illustres défenseurs de la patrie, et qui d'ailleurs s'ils renversaient l'édifice de la révolution, serait indubitablement enseveli sous ses ruines. Mais ces garanties, étant passagères comme la vie des hommes et, à plus forte raison, comme la vie politique des ministres; c'est dans les institutions qui forment le caractère des nations et sont ensuite défendues par les sentiments et les habitudes qu'elles ont fait naître, qu'un peuple, qui veut être libre, doit placer toute sa confiance.

Eh quoi! dans un gouvernement représentatif monarchique, tous les intérêts ne peuvent-ils donc pas, d'après ces institutions, trouver une place honorable? Le trône peut-il être entouré d'un plus brillant éclat que celui que répand autour de lui une grande et généreuse nation dont il représente la majesté? Le ministère ne puise-t-il pas dans sa responsabilité une force qu'il ne saurait obtenir dans les gouvernements absolus? L'aristocratie a-t-elle à se plaindre, lorsqu'elle est investie de la première magistrature de l'état, et remplit l'auguste fonction d'arrêter les envahissements du pouvoir et les entreprises de la démocratie? Enfin toutes les classes de la société n'ont-elles pas des motifs suffisants de sécurité, lorsqu'elles ont choisi des députés fermes, capables et incorruptibles? Pourquoi donc tous ces débats, ces inimitiés, ces violences? N'est-il pas temps enfin d'y mettre un terme? Les Français ne veulent que le règne des lois, ne désirent que la paix ; malheur aux factions qui chercheront à prolonger les dissensions civiles !

ALEXANDRE LAMETH.